lisi schuur

sind

gedichte

© 2019 lisi schuur

Herstellung und Verlag: BoD - Books on Demand, Norderstedt
ISBN 978-3-7357-3729-8

die zukunft

weiß alles

danach

1
jenseits des olivenbaumes

stehen unverhüllte bäume
zeigen die ursprünglichkeit
schlafen ihrem neu entgegen
kennen den gesang der vögel
wissen um die wartezeit

stehen unverhüllte bäume
in der atemlosen zeit
trauern nicht um das verlorne
wissen dass der ursprung bleibt
wenn der tod die lieder schreibt

hüllen menschen sich in träume
legen fesseln um die freiheit
stellen fragen nach dem sinn
wissen nicht die wartezeit
wann der tod die lieder schreibt

findet jeder seinen ursprung
alle fragen lösen sich
wenn die hüllen von uns fallen
wissen wir um das geheimnis
wenn der tod uns mit sich nimmt

helle wasserringe
auf trüber brühe
dumpf klingt die kirchenglocke
die säcke über den gesichtern der oleander
angesammelter schlamm
übertretener grenzen
hinter randlosen brillen
uferlos gewordene strömung
schafft neue labyrinthe
orientierungslosigkeit
zur wiederfindung
reichen die restlichen dämme nicht
verlaufene augen
widersprechen sich
neue grundrisse
wissen keine erinnerung

an gott

auf tönernen füßen

als ich ihn las
dachte ich
dich

den es
in meinem himmel
längst
nicht mehr gab

weil die tage
anders erwachten
der ewige durst
endlich gestillt
das trockene brot
erstickte mich nicht
es würgte dich
aus mir hinaus
stück für stück
entfernte ich
verrottete wurzeln
die verkümmerte saat
unfruchtbarer boden
kein lehm
dich zu verankern

als ich ihn las
überdachte ich dich

auf tönernen füßen

ein steinwurf
reicht aus

unbekannt

du bist die saat
die der wind verwehte
ich sehe dich vor mir
als wilde blume
die kraftvoll verwurzelt
auf leerem feld
das leben erneut
zu nehmen weiß
bist schön wenn die sonne
hoch genug steigt
dein dunkles gesicht
färbt sie dir heller
ich versuche dich zu erahnen
wie es gewesen
bevor du verkapselt
den boden berührtest
hast irgendwo
zwischen steinen geschlafen
ob du geträumt
vermag niemand zu sagen
aufgewacht in fremder umgebung
deine hülle abgestreift
stehst du vor mir
wie ich auch schaue
so sehr ich mich mühe
du bleibst ein geheimnis
ich kenne dich nicht

jetzt ist er aufgebrochen
es fallen lauter schnipsel
aus ihm heraus
und einen hab ich aufgehoben
dass ich ein kleines stückchen
von seinem leben weiß

notiert am 28|8

in der nacht
unsichtbar
erst am morgen
der mond
geisterkrater
verschwundene worte
im palimpsest
der gedanken
vergebliche suche
nach dem sinn

meine gedanken durchstreifen
das universum
während der mond
sich zeigt
am helllichten tag
ist ein singen
in der ferne
jubelnde stimmen
wissen den sommer
über gelben teichrosen
flattern dohlen
legen schatten auf altes gewässer
saftiges süßgras bewispert den rand
zart und filigran die wolken
zeichnen dem horizont
linien der schönheit
das klare blau hält nichts versteckt
liegt alles offen in seiner weite

inmitten der anderen
steht ein baum
grüner und höher
berührt er den himmel mit hellgelben blüten
in seinem laub wiegt sich der wind
der landschaft entgegen
die unvollendet bleiben wird
wenn nicht die sehnsucht
sie weiter träumt

alles sehr seltsam anzusehen
kinder spielen vor den türen
ein leichenzug geht neben ihnen
graugelbes sonnenlicht halb abgebrannte kerzen

der kurze todesschreck der isoliert
sich fernhält von der lauten welt
ein lied das sich als
todesmelodie entpuppt

die treppe wird bekrochen von der assel
das eingequalmte rote fenster
davor der schornstein
wie ein mahnmal steht

ein bettler fragt sich ob der wurm im holzbein
während die katze von der freiheit nascht
murmelt sich hoffnung in der litanei
predigen knittelverse strengen reim

alles sehr seltsam anzusehen
der dynamo der längst verrostet
hängt wie ein talisman am zaun
ein überbleibsel fremder energie

jenseits des olivenbaumes

entgegen der klarheit vergangener zeit
stehst du verloren wie der baum
in einem abgestumpften beieinander
und alles ringsumher schafft dir ein bild

das schilf weiß nicht zu flüstern ohne wind
es steht bewegungslos in einer stille
die gedanken dir nicht ruhigzustellen

da ist kein traum der weiterhilft
der himmel wölbt sich sternenlos
die nacht verdunkelt deine stadt
vereinzelt flackern leuchtreklamen
wie ein geschwätz das sich verläuft

du findest das gesicht nicht mehr
in bildern die nur vordergründig
verschwimmen sich die augen und
suchen nach der möglichkeit
fassaden zu umgehen
dass sich das wesentliche zeigt
es einzusehen

die krone des baumes ist weitergewandert
wie der mensch
sich verändert
im sturm des lebens
doch seine wurzeln
haben bestand

manchmal seh ich
das gelb des todes
auf meiner haut
wenn ich daran reibe
fühle ich dich

manchmal hör ich
das brechen der stimme
was ich auch stammle
sucht alles
nach dir

manchmal schmecke ich
blut im mund
so sehr ich mich mühe
ich kann es nicht
schlucken

den hohen bäumen webt die traurigkeit ein kleid
aus nichtgeweinten tränen
verlorne träume kleben sich an abgefallne blätter
verdunkeln alle hellen farben
dass nur die alten narben sichtbar sind
der wind zerwühlt die haare und verschleiert deinen blick
du denkst zurück und siehst die zukunft nicht
stehst wie der baum im trauerkleid
versteinert deine seele

sie sagten mir
ich wisse nun
und solle klug und listig sein
vor allem fehler unterlassen
sie machten mich nur wieder klein

ich nickte ihnen freundlich zu
beschloss mich nicht mehr zu verkaufen
als ich dann meiner wege ging
mich nicht darin verlaufen

sie sagten mir
ich wisse nun
und solle klug und listig sein
mir fielen keine fehler ein
die zu vermeiden wären

und wie ich also weiterlief
begegnete ich mir
sah mich in einen spiegel fallen
aus mir entstand ein scherbenhaufen
mein bild in allen teilchen

ich sammelte die scherben ein
und jedem schenkte ich ein stück
der wissen wollte wer ich sei
als ich mich endlich ganz verschenkt
da fühlte ich mich frei

sie sagten mir ich wisse nun
mich richtig zu verkaufen
sie hielten meine scherben hoch
und dachten mich zu sehen
doch dass ich nicht in ihnen war
konnten sie nicht verstehen

dämmerung

weit dehnt sich das land
in den städten wird es leiser
in den abendlichen himmel
tauchen die umblühten bäume
taumeln blätter in den schatten
wege wirken wie verloren
pflastern sich mit tausend fragen
ob vielleicht ein neuer mond
auch zu faszinieren weiß
alle sterne ohne namen
eine endlichkeit erkennen
findet sehnsucht ihre ruhe
in kristallen voller farben
liegt ein raunen in der luft
melodien die sich ranken
um geheimnisvolles schweigen
überall ein dunkles ahnen

sieh dir das meer an
seine fesseln zu wissen
wenn du es denkst

betrachte die dünen
den wind zu spüren
die weisheit der gräser

schau auf dich selbst
dass du erkennst
wieviel dir doch fehlt

stimmungsbild

der helle sand den die ameisen aufgeworfen
der frisch gemähte rasen
die alten kiefern deren kerzen
aufrecht
mein gang zurück ins haus
mit dem film im kopf
der sich wieder und wieder abspult
sind soviele schafe am deich
braune und schwarzweiße kühe
auf den weiden
ein einzelner baum
hier und da
ein reetdachgedecktes haus
darüber der himmel
ein schützendes dach
heute so blau
wie das wasser in den herrlichen fjorden
die verlockend wie
annies kiosk an der straße der förden
die ostsee trägt
postkartenblau
ihr ockergelber schaumrand
umspült die füße
das mildere klima
die üppige vegetation
die erkenntnis
dass nur die nordsee
mich wirklich fesselt

sie ist
das unergründliche
geheimnisvolle meer
das sich allen stürmen
unterwirft doch
an ihnen
nicht zugrunde geht
wie ein mensch
der sich nicht aufgibt
wenn ihn das leben schüttelt
die wehmut des abschieds
die melancholie
meiner gedanken
eine bisamratte läuft unbeholfen
neben der straße
als heimisch gewordener neobiont
fehlt ihr das bleiberecht
es droht die todesstrafe

als sich über dem meer die stille erhob
ging ein leuchten durch die dünen
zerrissene augenblicke
fielen auf den sand

mondregenbogen
gebrochenes licht
in den augen
wassertropfen

sichelmond
weggetaumelte
dunkle seite
da-vinci-glow

vorüberfliegende
stunden
im verflossenen meer
der laufpass

das meer legt meine traurigkeit in seine wellen
doch irgendwann zerlaufen sie und
nehmen alle traurigkeit ganz einfach mit

leere landschaft
ist es nicht mehr
seit sie unseren abschied weiß
leuchtet sie im märz
kalendertäler ins bild
schreibt mit ungelenker schrift
letzten frost ins grün der palmen
froschlaich neben osternestern
der gartenstuhl zeigt
dem verwitterten holz seine algen
während ein knistern am himmel
träumt sich ein gelb
weil das feuer so laut in der kälte
plötzlich die stimme von vorgestern abend
die dem frühling das erwachen erleichtert
am morgen danach
wenn die lieder im verwilderten garten

als ginge man durch eine tür
während das moos am gemäuer
das erinnern an nachsommer
kein stifter roman - ganz ohne rosen
zugwinde in der nacht voller brücken
als schleierhafte wirklichkeit
in die augen rote mohnfelder legte
der wald sich verstellte
unseretwegen
die bäume den schatten verließen
zu sehen eine blaue welt
mit dem abbild der sonne in uns
während das moos am gemäuer
die luft voller fliedergedanken

in der gewölbten hand
liegt einer der beiden clapsticks
wartet auf rhythmische schläge
seines gegenübers
derweil das didgeridoo unbeirrt röhrt
als bekäme es nicht genug
wie ein hirsch der zum platzhirsch wird
zwischen den lippen einseitige verschiebungen
ins ungewisse der nacht das geheul eines wolfes
inmitten der unaufgeregtheit blühender auen
entlang des alten flusses
während von ferne wilde pferde

abschweifen
in die musik
der fremden welt
lauschen
den zwischentönen
punkte zufügen
die verweildauer
verlängern
für wohlige
augenblicke

doch dann
leben sich
eichhörnchen
in die augen
quirlige büschel
rote gedanken
schlagen rad
im kopf
verführen sich
zwerge und elfen

auf einem grünbekiesten dach
liegt ein stern
lange wach
den mond
zum tango oder so

sind nymphen zu ahnen

gegen die kälte des alten flusses
wischt mir der himmel
blau in die augen
das wasser murmelt
schaumblasenfrei
aphrodite ist nicht in sicht
am rand stehen noch
keine gläsernen schlösser
deren türme nach unten ragen
in die versunkene stadt
auf dem grund
locken undinengesänge
weit entfernt im großen meer
ozeanboden ohne licht
füllt musik die tiefen rinnen
stürzen glocken von den zinnen
für das spiel der königstochter

keine ballade

aus der ballade wurde nichts
der fremde der die fähre nehmen sollte
verschwand ganz plötzlich in der nacht
wie auch der schutzanzug des gärtners
der jagd auf spinnentiere machte

die hexen mit den konfiszierten besen
stellten vergeblich ihre füße in die luft
zu allem überfluss verlor der wind seine geduld
schrieb falsche noten an die wand
die niemand wußte vorzuspielen

aus der ballade wurde nur ein trauerspiel
wie eine stille post im techtelmechtel
die unter trümmern liegt
mit einem hanfseil neben sich
es bei bedarf dem halse umzubinden

gewiss

auf den kargen feldern
kürzt sich der spitzwegerich
in die breite
darüber zu gehen
alles zu verdecken
mit seitlichen blicken
wie lächerlich seine lanzen
gegen das huschen der feldmaus
irgendwann werde ich dort sitzen
alles wird an mir abprallen
dann kommen sie
mich wegzubringen
ich gehe mit
ohne mich zu wehren

den unsichtbaren himmel sehen
die uhr lesen
ohne stundenschlag
wissen
dass nichts vergeht

es war

im treppenhaus
eine trauer
aus knarrenden stufen
der aufzug
durchsichtig
zeigt jedem
was er sieht
fällt
in erloschenes licht
gesichter
versteinern
verstummt
der choral
wände
sprechen nicht mehr
ich
verlasse
das haus
niemand
folgt mir

sind zeichen
spuren am himmel
wolken
versprechen
haltlosigkeiten

farbiger statt aschgrau
entgegen der nacht
befuhren wir das meer
durch mannshohe wogen
waren uns lotse
durch alle engen
ohne masken
vorworte zu schreiben
für das leben
danach

sind keine götter dir zur seite
mit ihren weissagungen
dich willfährig zu machen
deine augen vom meer durchquert
das den himmel an sich gebunden
wenn der mond dir das zimmer füllt
der wind dich aufhebt
in seinen starken armen
die bebende erde zu überfliegen
über alle wege hinweg
nur dein eigener weg
nichts weiter

31|7

es gibt die u-bahn nicht mehr in der stadt
dein lachen inmitten todernster gesichter
die wirklichkeit die wir beide nicht wollten
weil sie zu irreal uns schien

es gibt die träume die ich durchlebe
die bäume im wald der geheimnisse birgt
die kleinen früchte der alten buche
die du im höchsten geäst noch erkennst

sind augenblicke die machen mich blind
weil sie die gegenwart verstummen
über die hastigen bilder der stadt
legen sie weiche tücher der ruhe

sind eingebildete sonnenstrahlen
die sich bemühen den tag zu erhellen
brücken die ungedämpftes schwingen
in das gefühl meiner freiheit legen

spiegelungen gaukeln im wasser
täuschen gesichter sehnsüchte vor
weißt du noch fragt eine alte bank
ich überlege was sie wohl meint

viele farben
im abschied
des himmels
fragen liegen
in unseren sinnen
wenn fragmente
rätsel aufgeben
bei berührung
bilder zerfließen
ohne firnis
haltlos geworden
ein überflüssiger orchestergraben
musik
die nicht
erreichen kann
niemand weiß
instrumente zu stimmen
da ist ein warten
***
die ankunft
des himmels
stellt keine fragen
weil sie die antworten weiß

vor dem tag

noch keine fußgänger auf der straße
trübsinnige busfahrer an der endstation
wann wird das leben beginnen
die straßen pulsieren nicht
ehe die marktstände aufgebaut sind
die uhr die passende zahl anzeigt
welches kleid wird das richtige sein überzustreifen
auszuwählen aus ererbten gewändern
ungewollte nachlässe unserer vorfahren
die wir nicht abschütteln können
zum wahren leben des ich gelangen
unbeeinflusst wie der erste mensch
sich zu erbauen ohne fremdeinwirkung
niemand der uns zu denken weiß
niemand den wir bedenken müssen
welches leben würden wir führen
wenn es unvorbelastet ist

neuanfang

weil der tag sich die muße nimmt
kann ich mich in ihn hineinlegen
mich beachten die tanzenden mücken nicht
die schwankenden gräser wenden sich ab
schweigend suche ich in mir
***
nach der irrfahrt des langen vergessens
finde ich zerbrochenes
gebe ihm ein neues gesicht
beim zusammenfügen
im labyrinth der fragen
löse ich rätsel
lasse ausdruckslosigkeit
neue sprachen sprechen
stelle mir vor wie der regen zu sein
der den dingen die staubschicht nimmt
ziehe die bremse im zug der gedanken
dass sich aufrütteln alle abteile
sehe lichtblicke durch schleier fallen
die bilder malen in weißen sand
wie das foucaultsche pendel
jede bewegung passt sich an
dass der kreislauf bleiben kann
wie die rotation der erde
***

die veränderungen spüren
feine netze aus gefühlen
weben sich in alle sinne
nuancieren wohlbekanntes
öffnen türen fremder räume
die in meinem eignen sein
lange unbetretbar schienen
***
weil der tag sich die muße nimmt
ist die zeit zur verwandlung gekommen
neuen atem zu schöpfen
im schweigen zu lesen
das was ich heute bin

viele worte
beschreiben dich
doch dein schweigen
zu lesen
gelingt mir nicht

die nelken verbreiten friedhofsgerüche
kein sträuben hilft dagegen
aus wolken fällt ein ascheregen
auf entlebtes unter steinen
ein leises weinen ab und zu und
der gedanke dass auch du
flugzeuge dröhnen durch die stille
verschwinden hinter hohen bäumen
versäumte träume ohne schlaf
es fehlen alle hoffnungsträger und
selbst die sonne steht zu schräg

manchmal begreift mich etwas

in meinem kopf
ziehen sechs rappen
den leichenwagen
der sarg ohne deckel
dass die luft
den letzten atemzug
nehme

die nacht ohne morgen

ein winziger schimmer
müde gewordene farben
versuchen ein letztes leuchten
ehe die hoffnung verstummt
unter durchsichtig gewordenen bäumen
welkt das ausgeblühte leben
wehrlos ergab sich ein ich

wenn ich dich ansehe

als ob
mein stern ertrinkt
in schemenhafte zweige
eines alten baumes sinkt
bist meinem
herzen
so fremd
geworden

zertretene wiesen
bespielt der wind
mit vierblattgefühlen
im grünen klee
sonnenschatten
gehügelte erde
wie alles aufblüht
neben dem see

der atem des tages
treibt keine wolken
der himmel ist ganz leer
gedanken überschwer
das zwischenuns
verlor seine zeit
schrieb das gewesene
ins vergessen

die zukunft fand schon statt
sie hat sich zwischen
steine gelegt
und findlinge verschoben
auf den feldern
um die stadt
haben wirbelstürme
kornkreise gezogen

2
im luftzug der welt

traumzeit-erfüllt

die lange wolkenbank
vor dem mond
löst sich allmählich auf
der granit
härtet sich für
die vorläufige ewigkeit
zehntausend jahre
bis die regenbogenschlange
ihre schöpfungsgeschichten
mit ihm schreibt

seifenblasen in stiller luft
sinken hinab auf schaumige wellen
die sich im kleinen bach verlaufen
ehe sie der sandfang nimmt

schmetterlinge riechen blumen
deren farben sie betasten
schmecken ungeklärte fragen
in den lilien der palmen

buntpapier an alten balken
schriften die schon leicht verblasst
neue worte finden sich
die den zeitgeist widerspiegeln

seifenblasen die verdunsten
allzu schnell dünnt sich die haut
farblos wie die abendluft
wenn die nachtigall verstummt

dekonstruktivismus

nachdem der ton
längst verklungen
in der endlichkeit des schalls
schreiben worte sich
unvollkommen
wie alle weiteren worte
nur geschaffen zur interpretation
ihrer selbst
vollkommenheit
wird der sprache nie gelingen
darum traue ihr nicht

es wird zeit etwas anderes kennenzulernen
sagt er
es wird zeit auf eigenen füßen zu stehen
denkt sie

ringsherum schweigt es

trotzmütiglich thront sie
auf dem kanapee
der probegeliebte numero sechs
ist ihr ein dorn im auge
statt zuzugreifen
eine tüchtigkeitsprobe abzuliefern
sitzet er trübetümpelig
tubäkelnd
mit seiner stinkadores
in der ecke

alldieweil dünkt ihr
das stubenstinkerlein heute
besonders kuschelbedürftig
heischend nach bauchpinseleien

ihr kopf
hurrig und schnurrig
spazierflüchtige gedanken
hätte sie es doch
mit numero fünf gutsein lassen
dann wäre zumindest
ihre nase nicht verschnupft
numero fünf paffte havannas

auf dem autobahnparkplatz 13|8|2018
nachts in der eifel

hat sich fast unsichtbar gemacht
die eintönige landschaft
die roten augen der windräder
blitzen auf in der dunkelheit
der sichelmond scheint nicht erstaunt
ob der tränen des laurentius
perseus zeigt dem ungeheuer
das medusenhaupt und
der komet 109
verglüht auch weiterhin zu staub
boliden fallen als meteore
durch ionisierte luft
strahlen leuchten moleküle
das all ist voller prächtigkeit
am himmel zeigt sich die welteninsel
milchgebadete sterne darin
tragen namen die niemand kennt
formen bilder die keiner weiß
sprachlos bin ich spüre das glück
ganz leise in seinen armen

die geschmolzene kerze
im leeren zimmer
gleichgewichtsstörung
der hereinwehende lufthauch
langsame sonne
unter der weide
ihre stillen wipfel im fenster
auf dem schornstein gegenüber
eine ringeltaube
deren blick gegen den
verwelkten hibiscus
schon im juli
müde bewegungen
schlappe wolken
notenverlorene
stumme musik
das echo deiner worte
mein kopf
ein hieroglyphen-beschrifteter
obelisk

ein neuer komet ist geboren
in seinem schweif
die geister des lebens
ohne gepäck
so unbeschwert leicht
im luftzug der welt

die nacht der weißen wolke

schiebt sich der vorhang
durch das geöffnete fenster
der wind weht dir ans auge
als wolle er dich weinen machen
im lufthauch raschelt
die robinie
ihr zartes geäst
zerbrechlich wie ein herz
wenn es nicht umzugehen weiß
mit allem was sich angesammelt
die traurigkeit die freude überwiegt

es ist die nacht der weißen wolke
die still verharrt am abendhimmel
und alle sterne dir verdeckt
du weißt nichts anderes
als dich zu denken
betrachtest dich von allen seiten
bist nahe dran dich aufzugeben
weil dir das leben viel zu schwierig scheint

denn die gedanken treiben dich
ins uferlose und
du fällst in ein tiefes loch
das unentrinnbar scheint
wie die rakete die verglüht
und nicht zu landen weiß
da fällt dir ein
dass es auch solche gibt
die eine landung kennen
um wieder neu zu starten

und du fasst mut
beschließt
es zu versuchen
und es gelingt
weil du dir vorzustellen weißt
dass alles möglich ist
wenn man sein denken offen hält
für neue abenteuer

die weiße wolke
konnte sich nicht halten
sie hat sich aufgelöst
und der polarstern
der sein helles leuchten zeigt
weist dir den weg
führt dich
zu einem neuen ziel

für ion geschrieben am 10|7|2018

südlich von uns

geht ein raunen durch nördliche öde
hinab in die tiefe der fjorde
ich tauche in diese traumwelt ein
wo sagen sich ranken
phantomgestalten
in untiefen unter dem meeresspiegel
ein zugvogelschwarm vor strahlendem rund
ein buntes bild in meinem kopf und
abenteuerlust im blut
voller sehnsucht stehe ich
der norden könnte mich verführen

doch südlich von uns
kann man sterne berühren

kreisförmiger umlauf der erde
seitwärts gebogene luft
darin keime
elend tragen
doch auch
alle wunder

verdurstend an der quelle der sehnsucht
sinnend und suchend
das leben
dass ein blitz die erhellung bringe
im sommergewitter
heilsame wolken sich entladen
den durst zu nehmen
die liebe zu finden
das leben

sie bleibt nicht in der stadt
die stille geht weit
einen platz für sich zu finden
auf dem grabstein
mit dem eingemeißelten namen
ruht sie sich aus
in ewigen zeiten

in sternschnuppen
fällt uns der himmel
entgegen
in leisen gedanken
uferlose melodien
sphärenklänge
im herzschlag
der raschelnden bäume

ein leberblümchen das der sonne nachblickt
ehe es die augen schließt
die blütenkätzchen der birke troddeln im wind
ein leises raunen in der luft
dazwischen launiges gezwitscher
die vögel erzählen sich nistgeschichten
ein alter mann auf dem weg zur andacht
maria geht ihm nicht aus dem kopf
ein kleiner menschenauflauf
geschlossene schranke
der zug lässt auf sich warten
auch der abendstern
später
der himmel
im mai

fixierter ort

ohne verschluss
legt silberstaub
die spuren frei

kein werwolf
auf der flucht
nicht amarok oder waheela

verwitterte gesichter
moosige pupillen
aufgegebenes augenlicht

dahinter
kahle bäume
verlorener ursprung

der regen
wusch namen
in die anonymität

imaginäres liegt
in einem scheingrab
aufgeblühte fantasie

jeder geht für sich seinen weg
wie pusteblumen wenn sie fliegen
sterne die sich im teich verlaufen
das blau des himmels ohne sein gold
dunkler scheint der schweigende wald
die ruhe der bäume
ganz leise das leben
jeder geht für sich seinen weg
dass sich am ende erfülle die zeit

krefeld-uerdingen

rechts
grüßt der wohlstand
restaurierte fassade
am jugendstilhaus
links
eine spur
übermalte tristesse
zerfallener historismus
auf einem sonderweg
osterglocken stehen
wie katalysatoren
umrahmen die stellplätze
ankommender autos
noch scheint die luft rein
im chempark
schweigen alle sirenen

seit ascot denkt sie
einmal im jahr an lester piggott
holt den hut aus der truhe
vergisst ihre sorgen
nickt freundlich den anderen damen zu
deren namen sie längst nicht mehr weiß
fährt mit dem zeigefinger durch die luft
orsini zu zeichnen
zu träumen
diesen ungestümen hengst
schmeckt
erdbeeren und
champagner
tupft sich
den zu voll genommenen mund
und legt den hut
sorgfältig
zurück in die truhe

colmar

dein atem reichte einmal
bis colmar und wieder zurück
zu mir die ich spürte
den hauch von venedig
dachte mir gondeln voller glück
dazu ein stückchen oberlicht
von st. martin und pfisterhaus
acht ecken türmchen isenheim
ganz klar war mir dass ich dorthin
wo ich noch nie gewesen bin
zu wandeln wenn nicht unter linden doch
unter buchen flammt vielleicht kuchen
wenn wir ein stilles plätzchen
im gerberviertel suchen

sonate testament /
beethovens letzte klaviersonate wird so genannt

ich wünsche mir sehr
dass ich nicht zu taub
für das leb-mir-wohl
des wendell kretzschmar
beethovens opus 111
unhörbare klänge
unerhört laut
über grenzen hinweg
in variationen
erzählt sich die welt
in moll und in dur
musik überall
in ihr zu versinken
ich wünsche mir
thomas mann zu begegnen
hans castorp
dem schneesturm entkommen

im elsass

farbiger als sonst der tag
den die sonne uns geschenkt
der geschmack von zärtlichkeit
liegt in festgezurrten booten
die wie gondeln in venedig
schatten klappern durch die luft
störche finden ihre nester
während kleine kinder jubeln
die am brunnen auf sie warten
halten kirchen unbewegt
ihre stille eingeschlossen
hin und wieder eine glocke
im zusammenspiel der uhr
fensterläden leuchten bunt
mittagsstunden klären auf
für ein paar minuten steigt
gott vosegus aus den bergen
stehen wolken wie altäre
im erschrocknen blau des himmels
rebstöcke noch ohne tränen
stehen hoffnungsvoll zuhauf
schneeflocken scheinen verwirrt
tanzen zwischen sonnenstrahlen
sieht sich um die alte katze
ehe sie die gasse schluckt
kellerwärts gewölbte decken
schützen die fromagerie
ihre runden käselaiber

in der nähe spielt der wind
mit dem namensschild der bar
wunderbarer pinot noir
neben würzigem traminer
auf dem alten kopfsteinpflaster
führen steile treppenstufen
in die schiefgestellten häuser
mit den eingravierten daten
in den tür und fensterstürzen
wissen erste frühlingsblumen
um die schönheit dieser welt

astutuli / in verehrung für carl orff

haut auf die pauken
wie ihr nur könnt
lasst alle staunen
die nur kleine brötchen backen
astutuli astutuli as tu tu li
kokanisch angezogen
seid ihr längst
und nehmt das maul
so richtig voll
dass euch der sabber läuft
die trommeln schlagen andere für euch
mit wunden fingern
dosen blech
so stinkt die brasselei
legt euch brillianten
um den hals
und stopft den wanst
mit weißem trüffelgold
(das kilo für sechstausend euro)
das macht euch keiner nach
der nicht wie ihr
astutuli astutuli astutuli

es begab sich ...

windgerüttelt
blattwerkrutschig
nieselt der tag
morgens noch müde
lichtlose kerzen
am tannenbaum
weihnachtssterne
im umkarton
das weihnachtsdorf
im letzten haus
eine trüffelpraline
als der tag
in die gänge kam
die gans in die röhre
bimmelt das telefon
ohne anrufbeantworter
zwangloser als sonst
keine späteren
rückrufe nötig
weihnachtssterne
überall
fehlt mir der eine

traumsequenzen

stehe verschattet im dunklen gang
von schräg oben
splitterbeleuchtung
explodiertes
trifft mich nicht
ist kein anderer stärker

nebeneinander
wüstensand fleckig
woher er wohl kommt
der sich alles besah
macht ölquellensprudel
messiasgejubel

kein durcheinander wie babylon
flüsse und wiesen
in sprechenden farben
schönheit trägt eigene harmonie
semiramis weiß nichts
von hängenden gärten

kompositionen die
mit viel zu weichem mund
worte sich entfalten
unentweihte heiligkeiten
suchen nach metaphysik
sind seiltänzer im raum
der ohne gleichgewicht
bewegung schafft
ist nichts dabei das flüchten will
verschwimmt sich wie
ein märchenblick wie
eine sehnsucht die nicht flieht

worte tragen schillerkragen
der hals entfesselt sich
entbremst
die zivilisation
führt sie zur analyse mit sich selbst
zeigt dekadenz
eh sie ins schweigen fällt das sich
naive bilder plakatiert die illusionslos
bleiben sollen
selbstbetrügerisch
als sei die dekadenz am anfang wesentlich
eh sie charakterlos am boden blüht

fünf gerade sein lassen
gelingt am besten
wenn man beide augen zudrückt

hüllenlos
endlich
der sonnenschirm
entfaltet sich
gegen die sonne
wendet er sich
weißes
zu entspannen

bin zwischen den tönen

ich denke an schönberg
seine seelenmusik
wie kandinsky sie nennt
wünsche mich deutlicher
anzutreffen
dass ich entziffern kann
das fremde in mir
wärmer werde
den gefälschten blick
zu verlieren
in der ferne
schreitet der wind
durch den schnee
und ich höre ihn nicht
ist weiter als irgendein weg
zu einer versunkenen insel
tiefer als ich
meine seele
aus gewohnheit
unsichtbar
zwölf töne darin
die lösen sich auf und
machen musik

momentaufnahme in deutschland

ich wollte
die wahrheit
einer spelunke
nicht
fernab des lebens
illusorische
verse

den dung
von guano
zwangsrekrutierte
shanghaite
chinesen
wissen
ums pressen

ich sehe menschen
sich selber
shanghaien
tressen zu tragen
zum töten verpflichtet
2018
mitten in deutschland

fremder

wem gehörst du fremder
nicht der wirklichkeit
der illusion
die sich entdeckt
im herbsthimmel
zwischen geheimnisvollen bäumen
ein kenotaph
für alles unverwirklichbare
während schatten
in schatten sich auflöst
verlierst du dein bild
wirst mir zur wirklichkeit
mein einziger traum
den zu träumen ich weiß

peter pan

nimmer nimmer
erwachsen geworden
glaubst du
noch heute
an meerjungfrauen
in riesigen seifenblasen
die niemals platzen
hast tinkerbell
die kleine fee
die dich begleitet
wenn ringsum
glockenblumen läuten
stürme laufen
gegen die wirklichkeit
bleibst du
unschuldig wie ein kind
ein spurloses weißes blatt
dem erinnerungen fehlen
dass träume
ewig werden können

frau w.

als sie spricht
ist ein leuchten
in ihren augen
zieht die nacht
darin
sich zurück
eine weile
scheint sommer
in ihrem gesicht
als wüsste es
zeiten
zu lesen

manchmal auch so

steine die in jahre sinken
die den staub der zeiten trinken
wenn der regen fällt
der dem sand die spuren zeichnet
ehe er sich dichter macht
um sich zu vereinen
weit entfernt von allen grenzen
liegt die wirklichkeit
ungewissheit macht sie aus
lässt sich nicht ermessen
wüssten wir den samen doch
seiner reifung nachzuspüren
öffneten sich viele türen
die geschlossen sind
wie von sinnen scheint der wind
spart sich seinen sanften atem
wirbelt stürme in uns auf
statt uns hoffnung einzuhauchen

entstanden beim hören von hans werner henze /
ode an den westwind

ob mir
der wind
etwas raunt
er stöhnt
er staunt
er stuckt
er duckt
sich unter einen rock

er trudelt sich
pirouettiert
gebiert ein
kurzgewebtes kleid
und neckt sich mit dem
sonnenstrahl und zieht sich
an ihm hoch

wart ab
wart ab
ich hebe auch
das fortgewehte laub
dir auf das dach
und mach
die ecken besenrein

in mir
ruhen
truhen
mit gold beladen
die faden farben
streich ich bunt

mit kurzen pinselstrichen
kleckse
fabrizieren
verlieren
sich im
variieren
die zunge streck ich raus

getändel hier
gestampfe da
die noten leg ich
durcheinander
ein wanderer
der gitterstäbe sucht
den kopf hindurchzustecken

ich weck dich auf
ich weck dich
weck dich
endlich weck
ich dich auf
dich weck ich auf
dich endlich

per aspera ad astra

schauer fallen auf dürstende wiesen
landebahnen vertrockneter sehnsucht
blüten
vor der zeit
schon blass geworden
unvollendet sich verschwendet
verzweifelt ausschau haltend
nach dem platz
unter der sonne
ihr zu gefallen
das schönste kleid
zu tragen
zu wagen
all das zu bewohnen
was lohnen könnte
wenn hinter wolken
neue wege
offenliegen
den durst zu stillen
nach der trockenheit
ein weiches lied
in honiggelb
dass alle bäume
wissen
dass ein frühling naht
bemooste kissen
zartes grün
an knospenzweigen

nichts ist schöner
zu begehren
als die seligkeit
wenn träume
sich verwandeln
auferstehen
die sterne
dass sie führen
in die hohe zeit

gewaschene flussblumen
pflücke ich
ein paar jahre zu früh
vielleicht
eine moosgrüne unbedachtheit
der wintermond
glänzte zu laut

fasziniert von alvin lucier

wem gehört die seele
die ich auffing
auf der suche nach dem echo
schallwellen
erreichen
mich
dass ich klinge

forübergend gustaf nagel

voller schläfrigkeit
überaus wach
noch ist die zeit
nicht endlos
ein wanderprediger
unterwegs
dich aufzuklären
barfüßig sei
das begrabene gold
zu entdecken

derweil sich die anderen
an ihm stoßen
in winterstiefeln
phantasie totzutreten
sind sie gekommen
zu überführen
den regelverächter
dass er sich
bessern kann
sperrt man ihn ein

die birken verdecken die hochspannungsdrähte
sie haben den pappeln den rang abgelaufen
ein ganzer haufen wilder mücken verschwimmt im gegenlicht
ich würde dir gern eine wolke schicken
mit dhl oder dpd
doch einpacken lassen sie sich nicht
der bösewicht schiebt sich von rechts
energisch in die himmelsweite
die kleine auf der linken seite
kneift mir gerad ein auge zu
und du - mir scheint der wind
tanzt ringelreihn mit ihr
blutweiderich steht stolz am teich
es schwimmt ein kleiner frosch vorbei
quakt andre frösche zu sich her
wer weiß schon was sie sich erzählen
libellen lassen sich nicht stören
ich höre wie sie leise surren
und ohne murren federleicht
in ihren zarten kleidern schweben
ein weberknecht auf hohen beinen
das kleine kind beginnt zu weinen
weil so ein spinnentier es schreckt
vanilleeis mit schokostreuseln
die sonne voller erdbeerspuren
und auf den wellen silberglanz
es kräuselt sich der sommer

spo

die alten dünen
sprechen mich an
erzählen ihre geschichten
das meer hinter ihnen
in seiner weite
verliert sich der mensch
ganz ruhig liegt es da
mir den atem
zu nehmen
die alten kiefern vor dem haus
mondbeschienen ihre kerzen
ein zauber
voller magie
die sehnsucht
greift nach mir
ich versinke
im unbändigen staunen
wunderschön ist unsere welt

impressionen am teich

als der pinguin aus stein
-doch mit krawatte- anfängt
sein stoisches dasein zu bejammern
-jedenfalls steht ihm der schnabel danach-
ein eichelhäher im späten flug
- was er wohl sieht-
im gewirr der
überwinterten natur
kein laich
obwohl der hausfrosch
seit einigen tagen sehr munter
mücken spielen mit sich selbst
tanzen in der dämmerung
- nein, es ist kein pas de deux -
während die sonne
ihre daseinsberechtigung
nicht mehr ausdrücklich untermauert
nickt sich das wiesenschaumkraut
langsam in den wohlverdienten schlaf

inhaltsverzeichnis

1
jenseits des olivenbaumes

stehen unverhüllte bäume	8
helle wasserringe	9
an gott	10
unbekannt	12
jetzt ist er aufgebrochen	13
notiert am 28|8	14
meine gedanken durchstreifen	15
inmitten der anderen	16
alles sehr seltsam anzusehen	17
jenseits des olivenbaumes	18
die krone des baumes ist weitergewandert	19
manchmal seh ich	20
den hohen bäumen webt die traurigkeit	21
sie sagten mir	22
dämmerung	24
sieh dir das meer an	25
stimmungsbild	26
als sich über dem meer die stille erhob	28
mondregenbogen	29
das meer legt meine traurigkeit in seine wellen	30
leere landschaft	31
als ginge man durch eine tür	32
in der gewölbten hand	33
abschweifen	34
sind nymphen zu ahnen	35
keine ballade	36

gewiss	37
den unsichtbaren himmel sehen	38
es war	39
sind zeichen	40
farbiger statt aschgrau	41
sind keine götter dir zur seite	42
31|7	43
viele farben	44
vor dem tag	45
neuanfang	46
viele worte	48
die nelken verbreiten friedhofsgerüche	49
manchmal begreift mich etwas	50
die nacht ohne morgen	51
wenn ich dich ansehe	52

2
im luftzug der welt

traumzeit-erfüllt	56
seifenblasen in stiller luft	57
dekonstruktivismus	58
es wird zeit etwas anderes kennenzulernen	59
trotzmütiglich thront sie	60
auf dem autobahnparkplatz	61
die geschmolzene kerze	62
ein neuer komet ist geboren	63
die nacht der weißen wolke	64
südlich von uns	66
kreisförmiger umlauf der erde	67
verdurstend an der quelle der sehnsucht	68

sie bleibt nicht in der stadt	69
in sternschnuppen	70
ein leberblümchen das der sonne nachblickt	71
fixierter ort	72
jeder geht für sich seinen weg	73
krefeld-uerdingen	74
seit ascot denkt sie	75
colmar	76
sonate testament	77
im elsass	78
astutuli	80
es begab sich …	81
traumsequenzen	82
kompositionen die	83
fünf gerade sein lassen	84
hüllenlos	85
bin zwischen den tönen	86
momentaufnahme in deutschland	87
fremder	88
peter pan	89
frau w.	90
manchmal auch so	91
entstanden beim hören von …	92
per aspera ad astra	94
gewaschene flussblumen	96
fasziniert von alvin lucier	97
forübergend gustaf nagel	98
die birken verdecken die hochspannungsdrähte	99
spo	100
impressionen am teich	101